Ishq ke Alfaaz

Karishma Sanghvi Parekh

BookLeaf Publishing

India | USA | UK

Presentation by *BookLeaf Publishing*

Web: www.bookleafpub.com

E-mail: info@bookleafpub.com

ISBN: 9789360946913

First edition 2024

इंतज़ार

अक्सर वक्त से शिकायत रहती है इस बेइंतहा
"इंतज़ार" के राज़-ए-सिफ़त
या काबिल-ए-इश्क के मुनासिब होने के ज़िक्र से सजी
यादों का क़ाफ़िला इनायत हुआ है हमें.......
फिर वक्त ने भी सहम के फ़रमाया:
कि ना पूछो उस इश्क का मतलब जो कभी किसी को
मुकम्मल होने को कयामत के बराबर हो;
यूँ तो अरसा हो गया फकीरों को इस कैफियत में
भटकते हुए; तुम तो नए-नए मुसाफ़िर हो!!!
कई ख्वाहिशें कई कामयाबियों के दस्तूर देखें है,
कई हंसते-रोते अल्फ़ाज़ सुनें है;
हर दफ़ा मिलते चेहरे जो सुनाते किस्से वह कहानियों
में बदलते किरदार बयान करते हैं;
जब मिली थी हसीन मंज़िलें तो गुम थे खुशनुमा
माहौल की रंगीन गहराईयों में;
ना समझना था ना पहचानना था महज़ इतेफाक की
घड़ियों से बदलते मौसम के रुख को,

जब नींद खुली, समझना था उसी मजबूरी और
मलाल-ए-मुकद्दर को…
फ़लसफ़ा तो यह है कि वही टिक पाया है जो समझ
पाया है इस एहसास को खुद अपने ही अंदाज़ में;
वही कैफ़ है जो जीना सिखाया करते हैं इस बेफिक्रे
काफ़िरना वक़्त से परे ज़िंदा रहने को।

हाल-ए-इश्क़

खाली से रास्तों पर खाली सा दिल ले कर,
हज़ारों तमन्नाओं से परे इक तेरा एहसास ले कर,
ठहर गया हूँ उन नज़ारों-ए-शाम तहत बिना किसी
आरज़ू, किसी का मलाल ले कर,
चाहे दिल उन्हीं यादों के इशारों में बुझी सांसों का हाल
ले कर,
कभी शिद्दत से मिले तो पता चलेगा क्या पाया था
तुमने,   कभी देर तक बैठो तो मालूम होता वक्त
क्या खोया है तुमने,
कभी ज़िंदगी से पूछकर देखो कैसे जला करती थी,
मुश्किलों के साथ कैसे चाहा करते थे और शिकायतें
रूठ जाया करती थी,
अक्सर वक्त से गुज़ारिश रहती है,
कि, काश.... कभी जो हम मिलें....
न जाने क्यों ये आंखें, ये लब ये ज़ुबां कुछ चुप से
रहेंगे,
यूं तो कुछ समा होगा ख्वाहिशों और अरमानों की
दास्तानों सा,

मगर कुछ अजनबी से दिल जो फिर कभी ना मिले...

यह होती है उस "बेपनाह इश्क" की बेज़ुबान
तमन्नाएं,
जो कभी पूरी करने पर आए तो कर के रहेंगे।

क़यामत

नज़रें मिली अश्कों से भीगे चमकते जुगनुओं सी
रोशनी में,
बारिशें भी हुई अनकही दास्तानों की महक से,
जताया होता इकबार अपनी ही खामोशियों की रिहाई
से
ज़माना मुक्कमल होता रिफवतें आशिक़ी में!

अनजानों सी आहटें देकर गया कोई अपनी परछाई
छोड़कर,
बर्बादियों के नशे में खुद को क़यामत की तादाद में
झोंककर,
नादान-ए-इश्क को मशरूफ ना थी, गहराइयों सी इश्क
की किसी आह पर,
कत्ल-ए-इश्क को मशरूफ ना थी बुझी हुई वफ़ा; और
किसी क़यामत-ए-जाम पर!

एहसास

खामोशियों की गूंज से पलकों की आहट तक,
मैंने यादों को मुस्कुराते हुए सुना है,
कहीं तो तेरे अल्फ़ाज़ों के शहर में गुम ख्वाबों की
महक को छुआ है,
कहां थे या कौन थे इन लम्हों के साये में,
जो गुनगुना कर अक्सर मुझे अपना हाल फ़रमाया
करते थे,
या तो मंझर-ए-मोहब्बत की रुख़्सत के इंतज़ार के
मुसाफ़िर,
या खुदा के काफ़िले के बंजर रास्तों के फ़रिश्ते हुआ
करते थे!

रूठा इश्क

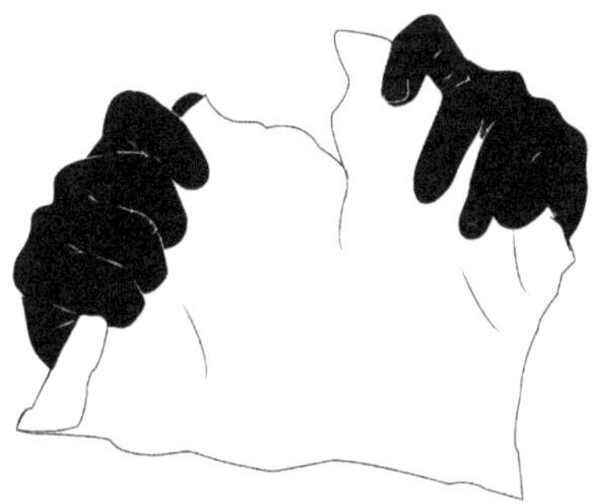

महफ़िल-ए-मुस्कान की खातिर ख़ुद को कुर्बान कर
देना आसान है,
लाखों ही हकीकतों और बेज़ुबान तमन्नाओं की
गहराइयों में डूबना आसान है,
फरियादें होती है, शिकायतें होती है,
हज़ारों नाकाम कोशिशें भी रूठकर लौट जाती हैं,
मगर पहली नज़र के उस इश्क के बाद ख़ुद को पाना
मुकाम-ए-इश्क की इबादत आसान नहीं होती।

सच

कि टूटा तो है,
दिल का कोई कोना रूठा तो है,
पहन कर नक़ाब खुशियों का
दिल से कोई छूटा तो है,
ख्वाबों की ज़ुबानी आज भी कोई
दिल से बिखरा तो है,
मोहब्बत की गवाही से
दिल की सुनवाई तक कोई रुख़्सत हुआ तो है,
मंहगा है इश्क हर किसी के बस का नहीं,
दिल से मिली दुआओं सी रहमत-ए-इश्क का तोहफ़ा
ही तो है।

अरमानों से हमदर्दी

ज़माने की दस्तक पर क्यों चलेगा दिल,
यह तो अपनी ही मंज़िल का सितारा रहा है।
जब ना हो किसी के जज़्बात पर नम,
तो ना हो अपने सपनों पर बेरहम,
यह तो वही दास्तान-ए-इश्क है
जो मरहम पर भी शक किया करते हैं,
नहीं तो क्यों बेवजह खुद से ही सवाल पूछा करतें हैं?
ना करो ख्यालों से हमदर्दी ना ही फ़िज़ूल की
ज़बरदस्ती,
यह वही अरमानों का क़ाफ़िला है;
जो जुनूनियत की वफ़ा चाहती है।

गुमनाम मंज़िलें

हज़ारों राज़ होते हैं, किसी कि अनकही सच्चाइयों के
पर्दों में,

होती है लाखों ही सिसक बेज़ुबान अश्कों की कहानियों
में,

बस इंतज़ाररहता है किसी के लिए या किसी के बाद
की निशानी बनने तक का,

कोई गुमनाम मंज़िलों की बेनाम ख्वाहिशों के ख्वाबों
से सच्चाइयों तक का,

पर कमबख़्त समझ नहीं आती ये बेवजह मिलती
गुमनाम मंज़िलें,

बस ठहर जातें हैं कभी ज़माने के बुलावे या फरिश्तों
की तवज्जो-ए-आरज़ू में

फिर आवाज आती है, ऐ मुसाफ़िर कभी तो सुन लिया
कर तेरी तक़दीर के फ़रमान को

जो बैठा है बुझाकर दिल की लौ को ख़िदमत-ए-ज़माने
की परवाह में।

हक़ीक़त

कि यूं ही बिन किनारे की कश्ती के जैसे ख्वाबों के
परिंदे बनकर देखा,
ख्यालों से परे उड़ने के बाद ख्याल आया, हसीन
आशियानों की दुनिया का तमाशा,
चाहते तो वक्त को समेट कर बैठ सकते थे, इक कोने
के लिहाज़ में,
पर हज़ारों उन कश्मकश की आंधी से परे जानना
हौसलों का ठिकाना था,
कभी खुद से कभी हालातों से लड़ना फ़िज़ूल नहीं,
यह तो उन जुगनुओं की दास्तान है जिसे चमकते
सितारों के साथ का फ़र्क़ समझना ज़रूरी था।

यादें

कभी उन आरज़ू की बात किया करते थे,
कभी अपनी शिकायतें किया करते थे,
जब हुआ फ़ासला हक़ीक़त की ख़ूबसूरती से;
अक्सर हुआ एहसास उस गुज़ारिश-ए-इंसाफ़के लिए,
पर, अफ़सोस उन बेहिसाब-ए-नूर मरतबा की उलफत
से नवाज़िश थी,
ना ख़त्म करार ना मुक्कमल इश्क की बात किया
करते थे,
और आज भी उन्हीं यादों की रुबाईयां शिद्दत से
लिखा करते हैं।

इक झलक

खोए हैं उस महताब की झलक से सितारों की तरह,
वह थे नूर का मतलब हम थे हसीन जुगनुओं की तरह,
कभी रोशन कभी गुमसुम,
कभी बिल्कुल उसी मासूम फरियाद की तरह,
जिसने पढ़ लिया उस छिपी नमी को
हंसती मुस्कुराहट की परछाई की तरह।

सुकून

माना कि इक बार गिरना होगा, फिर
किसी के फ़िक्र के आंसू बनकर ही सही,
माना कि सहना पड़ेगा, फिर
किसी बेबस की ढाल बनकर ही सही,
माना मुश्किलें तो आनी ही है, फिर
कोई भी हक की लड़ाई ही सही,
करकेर देखा और मिला "सुकून" भी,
किसी की दुआओं और खुशियों का हिस्सा बनकर,
पर, नाकाम बैठकर किसी के दर्द को अनसुना या
अनदेखा कर कर,
बर्बादियों की जंग हरगिज़ नहीं।

मुस्कान

जो हर लफ्ज़ में सुकून है,
जो हर फूल का रंग है,
जो बारिश में बूंदों की धुन है,
जो भीनी मिट्टी की महक है,
जो किसी के लिए कुबुल दुआ का नाम है,
जो किसी के मिलने सा मरहम है,
या अनगिनत ख्वाबों का नायाब तोहफ़ा है,
"मुस्कान" अगर खुदा की रहमत-ए-इश्क है,
फिर हर ग़म का इंसाफ़ है,
जो मिले दर्द में सुकून का एहसास है।

कोशिशें

कभी रोशन कभी गुमसुम,

कभी खामोशियों में सुकून की नमी,

कभी ख्यालों में ढूंढ लेना मासूम सी हंसी,

कभी रोशन कभी गुमसुम,

कभी अनचाही बहस या फ़क़त परवाह की लड़ाई,

कइ बार होगी रिश्तों की आज़माइश,

कइ बार होगी सपनों की सिफ़ारिश,

ना कर ऐसी बदनाम कोशिशें,

जो तुझसे छिन जाए तेरी तक़दीर की नवाज़िश,

बस ठहर गई थी गहराइयों से हमदर्दी

जब जल उठी कामयाबियों की शिरीन गुज़ारिश।

वक्त की नज़ाकत

न मैं अपने आप को जान पाया न दस्तूर से लड़ सका,
खुद को मसरूफ़ रखा सांसों को सहलाने में खो दिया,
गुमनाम रास्तों पर हज़ारों लोग मिलकर बिछड़े,
उस रास्ते पर हर ख्वाहिशों की पहचान बनकर बिखरे,
आज फिर से वक्त की नज़ाकत को समझते हुए खुद
से मिली,
फिर इंसानों की नज़रों से शीशे के आइने से खुद से
नज़र मिली,
और शुरू हुआ खुद से खुद का सफ़र ,
तय किया मुकाम-ए-इश्क से हमदर्दी और खुशियों का
क़ाफ़िला,
परछाई से ही सही लेकिन सुनहरी यादों का कारवां
जिसमें रात का दिया चांद है,
और परवाह ही सही पर बेज़ुबान तमन्नाओं सा हर
इंसान तुझसे आबाद है,
इन्हीं सच्चाइयों से वक्त को भी तेरा इंतज़ार है।

ज़िंदगी - इक पहेली

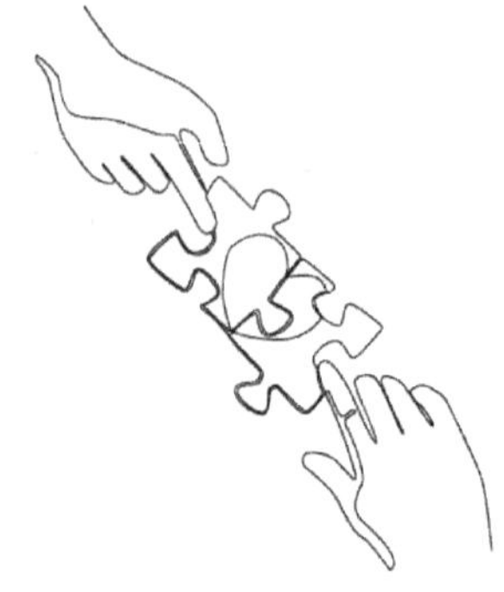

ज़िंदगी, इक ऐसा शब्द, जिसे कितना भी सुलझाओ,
वक़्त और हक़ीक़तों की बेहिसाब गहराइयों सी पाई
जाती है,
इससे अपना पता पूछो तो वह खुद को तुम्हारे सफ़र
का अंदाज़ा दिलाती है,
अगर इससे अपनी उम्र पूछी,
वह अपने अरमानों और हालातों की बेइंतहा उलझनों
के क़िस्से-वक़्त का फ़ासला बताती है,
अगर इससे अपने होने का एहसास मांगा तो लाजवाब
उड़ते-फिरते रंग-बिरंगे ख्वाबों के परिंदे दिखाएं है,
और आज उसे ठहरते हुए देखा तो मुद्दतों से मिले
इंतज़ार और बेपनाह मोहब्बत की तवज्जो-ए-आरज़ू
के पैगाम ढूँढने का सिलसिला बयां कर दिया,
आख़िर में जब अपनी ही खूबियों और खुशियों का
पिटारा माना तो उसने उसकी खोज की हसीन
"पहेली" फ़रमाई।

इंसानियत

इक इंसान की ख़ूबी,
इक इंसान की ज़िंदगी और
उस के लिए इम्तहान में निखरी हस्ती है,
"इंसानियत"।
यह इक ऐसी रुबाई है जो जानता है उसे किस्मत से
मिली, दुआओं में सुकून और खुशियों की रहमत है,
जहां ख़ुदा ख़ुद नहीं पहुंचा वहां मुकम्मल फ़रिश्तों के
हिजाब में भेजी दुआ है,
वही पा सका जिसने रुख़्सत कर दिये ज़माने की
शान-ओ-शौकत के नज़ारे;
बस, उसी के हक में आई पूरी शिद्दत से बहारें,
लोग कहते हैं, फ़रियादें करतें हैं नाकामयाबी की,
"इंसानियत" के वो ही फ़रिश्तें हैं जो आते हैं बंजारे के
भेश में,
लाखों ही नायाब मशवरें और मुस्कुराहटों के तोहफ़े
लिए,
देकर सारी इमानदारी और राहबरी के सौदे सिखाकर,

पर, इस अनमोल बख़्शीश को पाने में उस रब के होने
का साया और ख़ुद्दारी का रुबाब पाया;
जो बताने पर नूर और खोने पर कोहिनूर है।

कुदरत

कि अक्सर परिंदे सुनाते हैं मधुर गानों में कुदरत की
ख़ूबसूरती,
इसी रंगीन जहान में बसी मसरूफ़ सी ज़िंदगी,
कभी खोजकर देखो इन नज़ारों में अपनी ही परछाई
को,
गूंज उठेगी तेरी ही आवाज़ बेजान से पत्थर दिल में,
जो परिंदे उड़ते हैं इस तरह
कि हर नज़ारे की पहचान करावाई,
ख़ूबसूरती के अंदाज़ में इस तरह;
कि बेरंग हो गया हर ग़म,
कुदरत के नज़ारों की पनाह में।

इक तरफा इश्क

कभी इशारों में खूब बहके,
कभी नज़रों में दिल खो बैठे,
यूं ही बीतती चली ज़िंदगानी,
कभी ज़िंदा होने के लिए,
कभी ज़िंदा रहने के लिए,
यूं ही सांसों से गुफ़्तगू सी चली कहानी,
उनसे शुरू हुआ यह क़ाफ़िला अरमानों का,
जो हवाओं के साथ यूं ही बहता चला,
उनसे शुरू हुई आशिक़ी सी कयामत,
कि यूं ही खाक से उठे धुंए में सिमट सी गई ज़िंदगी
फिर से वही इश्क, वही आरज़ू और वही मोहब्बत के
अल्फाज़ों में सजती चली ज़िंदगी,
कि इश्क के दर से यूं ही तेरी कहानियों में मशहूर होते
चले,
कभी उनकी बेरूखी से तो कभी उनके होने से मसरूफ़
सांसें चलती चली गई,
न आया इज़हार न पाया इनकार,
इसी कोशिश में मोहब्बत होती चली गई।

नज़रें

खामोशियों की कहानी,
बेबस रुबाई,
लाखों तमन्नाएं,
बेज़ुबान अश्कों की ज़ुबानी,
महकती पलभर में अल्फाज़ों की बौछार
खुद में सिमटें समंदर के साथ,
ख़ूबसूरती की बहार,
बेहोशी का जाम,
गुमराह साजिशों की चाल,
खो जाते हैं आज भी,
भूल जाते हैं आज भी,
सारे गुनाहों से घिरे दो जुगनुओं की रोशनी।

इश्क की हक़ीक़त

वक़्त ने सुनाई इक दास्तान,
जिसकी कहानी ने दी हज़ारों तमन्नाएं,
लिखी थी इक जहान की ज़िंदगी,
वहां हुई आबाद दिलों की वफ़ाएं,
बहुत कोशिशों के बाद मुकम्मल होती है इबादतें,
उनके एहसास मेरी हर सांस का बहाना,
मगर ज़िंदगी का हसीन सफ़र हर पल सुहाना,
हर मुस्कुराहट की झलक से पहचान हुई,
हर मुकाम की मंज़िल से मुलाकात हुई,
बस वही ज़िंदगी जीना मुकम्मल हुआ,
जहां तेरी आहटों से ज़िंदा हर सांस हुई।

www.ingramcontent.com/pod-product-compliance
Lightning Source LLC
LaVergne TN
LVHW010901200726
843508LV00012B/2963